Tradiciones culturales en

India

Molly Aloian

Traducción de
Paulina Najar-
Petersen

Crabtree Publishing
crabtreebooks.com

Crabtree Publishing

crabtreebooks.com   800-387-7650

Copyright © 2024 Crabtree Publishing

All rights reserved. No part of this publication may be reproduced, stored in a retrieval system or be transmitted in any form or by any means, electronic, mechanical, photocopying, recording, or otherwise, without the prior written permission of Crabtree Publishing Company. In Canada: We acknowledge the financial support of the Government of Canada through the Canada Book Fund for our publishing activities.

Author: Molly Aloian
Publishing plan research and development:
    Sean Charlebois, Reagan Miller
    Crabtree Publishing Company
Project coordinator: Kathy Middleton
Editor: Kathy Middleton
Proofreader: Crystal Sikkens
Translation to Spanish: Paulina Najar-Petersen
Spanish-language copyediting and proofreading:
    Base Tres
Photo research: Allison Napier, Crystal Sikkens
Design: Katherine Kantor
Production and print coordinator: Katherine Kantor
Prepress technician: Katherine Kantor

Cover: Indian sweets known as mithai (top right); mendhi tattoos made from henna ink (top left); young woman at Holi festival (middle center); Indian dancer performing classical dance (middle right); annual elephant festival in Jaipur, India (middle left); Diwali lamps (bottom center); fireworks during Diwali (background)
Title page: Annual elephant festival in Jaipur, India

Published in Canada
Crabtree Publishing
616 Welland Avenue
St. Catharines, Ontario
L2M 5V6

Published in the United
States Crabtree Publishing
347 Fifth Avenue
Suite 1402-145
New York, NY 10016

Paperback   978-1-0396-4418-2
Ebook (pdf) 978-1-0396-4378-9

Printed in Canada/122023/CP20231206

Photographs:
Associated Press: Bikas Das: page 15 (bottom)
BigStockPhoto: Archana Bhartia: front cover (top left)
Dreamstime: Sunil281: front cover (top right); Samrat35: pages 7 (top), 12, 13 (bottom); Angela Ostafichuk: page 7 (bottom); Nantucket photo art: page 11; Percom: page 21 (top); Reddees: page 23 (right)
iStockphoto: thefinalmiracle: front cover (background)
Keystone Press: © Stringer/zumapress: page 25
Shutterstock: Dana Ward: front cover (middle center); Alfred Wekelo: front cover (middle right); Jeremy Richards: front cover (middle left), pages 1, 9; dp Photography: page 4; VLADJ55: page 5; AJP: page 6; Aleksandar Todorovic: page 13 (top); Avik: page 14; Angelo Glampiccolo: page 16; doonbugsbunny: pages 18, 19 (top); neelsky: page 23 (left); Paul Prescott: page 24; Malgorzata Kistryn: page 27 (top)
Wikimedia Commons: page 28; Antônio Milena: page 8; Thamizhpparithi Maari: page 10 (top); Bpilgrim: page 15 (top); Capt. Saravanan: page 17; Manoj Vishvakarma: page 19 (bottom); Nimitnigam: pages 20–21; Kalakki: page 22; Subharnab Majumdar: page 26 (top); Arne Hückelheim: pages 26-27; Giridhar Appaji Nag Y: page 29; Amartyabag: page 30; Shantanu Adhicary: page 31

ÍNDICE

Bienvenido a India

India es un país en el sur de Asia. Con más de mil millones de habitantes, es el segundo país más poblado del mundo. Su famosa geografía, con montañas como las del Himalaya, el desierto del Thar y el río Ganges, ha ayudado a formar las costumbres y tradiciones del pueblo de India durante miles de años.

¿Sabías qué?
La capital de India es Nueva Delhi. Más de 21 millones de personas viven en Nueva Delhi.

Este libro muestra algunas tradiciones, festivales, celebraciones y costumbres que los indios celebran durante todo el año. Los habitantes de India son una mezcla diversa de grupos étnicos que hablan más de 200 lenguas. Muchas de las celebraciones indias se basan en el hinduismo. También hay muchas celebraciones nacionales que celebran la independencia de India como país. Y, por supuesto, los indios también celebran durante todo el año ocasiones personales como los cumpleaños y las bodas.

Alrededor del 80% de la población de India sigue la religión hindú. Por todo el país se pueden ver muchos templos hindús coloridos y brillantes.

Año Nuevo

El día de Año Nuevo se celebra en distintas fechas del año en diferentes partes de India. Mucha gente en India sigue el calendario gregoriano, que es el mismo que se utiliza en América del Norte. El Año Nuevo es celebrado con amigos y familiares el 1 de enero. Intercambiar tarjetas y pequeños regalos es muy común durante la celebración de Año Nuevo en India.

La gente hace danzas tradicionales el día de Año Nuevo en Kerala.

Estas personas participan en un desfile especial en una de las calles en Bengala occidental.

Bollywood es el sobrenombre de la industria cinematográfica de India. Bollywood produce alrededor de 800 películas al año.

En ciudades grandes como Mumbai, Nueva Delhi, Bangalore y Chennai se organizan conciertos en vivo a los que asisten estrellas de Bollywood y otras personas famosas. Los conciertos atraen grandes cantidades de gente. Hay bailes, cantos, música y fuegos artificiales.

Día de la República

El Día de la República es uno de los tres días de fiesta nacional de India. El 26 de enero se celebra el día en el que India se convirtió en una **república** en el año de 1950. El Día de la República se celebra por todo el país, y especialmente en la capital, Nueva Delhi.

¿Sabías qué?
El Día de la República es una de las celebraciones más importantes de India.

La policía montada en camellos participa en el desfile del Día de la República en Nueva Delhi.

El equipo de motos del ejército indio también forma parte del desfile del Día de la República.

El Día de la República se organiza un enorme desfile en Nueva Delhi. Miembros del ejército, la marina y la fuerza aérea marchan vistiendo sus uniformes militares. Cadetes y niños consideran un gran honor participar en este evento. También hay coloridas carrozas que representan los diferentes estados de la India. Cada carroza muestra la **diversidad** y la riqueza de la cultura india.

Pongal

En enero, las personas que viven en el sur de India celebran Pongal. El Pongal es un festival de la cosecha que comienza cada año el 14 de enero. La celebración normalmente dura de tres a cuatro días. En estos días, la gente limpia sus casas, usa ropa nueva y, lo más importante, agradece la cosecha de arroz.

El nombre de esta celebración proviene de un pudín de arroz dulce llamado pongal.

¿Sabías qué?
El ganado es **sagrado** para los hindús. Durante el Pongal, la gente pone guirnaldas de flores al ganado como muestra de honor y respeto.

El primer día del festival, la gente ofrece pongal a los dioses de la lluvia para agradecerles la lluvia para el cultivo de arroz. El segundo día, la gente ofrece pongal al dios del Sol, llamado Surya, por ayudar a madurar el arroz. El tercer día, la gente limpia a su ganado y lo decora con flores, campanas y polvo de colores. Así honran al ganado por arar los campos de cultivo para la cosecha.

Estos danzantes celebran Pongal en el sur de la India.

Holi

Los hindús celebran Holi el día después de la Luna llena en febrero o marzo. Durante el festival, los hindús celebran el inicio de la primavera. También recuerdan y honran algunos eventos importantes de la **mitología** hindú, en los que el bien venció al mal.

¿Sabías qué?
Tradicionalmente, la gente celebraba Holi durante cinco días. Ahora, la mayoría celebra Holi por dos o tres días.

Estudiantes de la Universidad de Calcuta cantan y bailan durante el Festival de Holi.

La gente celebra Holi desde tiempos muy antiguos, pero es una de las celebraciones hindús menos religiosas. Es un momento para los hindús de relajarse y divertirse. La gente hace enormes fogatas, canta y baila. Otra tradición Holi es aventar polvo de colores y agua. Las personas se avientan el polvo unas a otras hasta que se cubren completamente de colores verde, amarillo, azul y rojo, entre otros.

Estos estudiantes se cubren de polvo morado y rojo para celebrar Holi.

Buda Purnima

Esta estatua de metal de Buda meditando se encuentra en un monasterio en Chandragiri.

Buda Purnima, o Vesak, es uno de los días más sagrados del budismo. Marca el aniversario del nacimiento de Buda, su **iluminación** y su muerte. Los días exactos varían, pero las celebraciones normalmente se llevan a cabo en abril o mayo.

¿Sabías qué?
Se dice que la madre de Buda dio a luz en un jardín en las faldas del monte Himalaya mientras iba camino a la casa de sus padres.

Se dice que Buda alcanzó la iluminación aquí, en el Templo Mahabodhi.

Durante el Buda Purnima, la gente lleva a los templos flores y ofrendas. Los limpian y los decoran con luces y faroles. También escuchan pláticas especiales sobre la vida de Buda. Oraciones, sermones, lectura de las escrituras y **procesiones** también son parte de las celebraciones de Buda Purnima.

Estas mujeres adornan con guirnaldas de flores una estatua de Buda durante la celebración de Buda Purnima.

Día de la Independencia

Cada año, el 15 de agosto se celebra el Día de la Independencia. Es una celebración nacional de India, y marca el día en 1947 en el que India se volvió un país independiente. Hay ceremonias en las que alzan la bandera por todo el país, pero el evento principal se lleva a cabo en Delhi. El primer ministro levanta la bandera nacional en el Fuerte Rojo y pronuncia un discurso.

El Fuerte Rojo era el palacio del emperador mugal Shah Jahan. Sus gigantescas paredes están hechas de piedra arenisca roja.

El Día de la Independencia, la gente también recuerda y honra a los líderes y personajes que pelearon por la independencia de India de la Gran Bretaña. Mucha gente pasa el día volando cometas, haciendo picnics y cantando.

El Día de la Independencia, los estudiantes no asisten a clases. Se reúnen en la escuela para levantar banderas y cantar el himno nacional.

Raksha Bandhan

El Raksha Bandhan, o Rakhi, es un festival que celebra y honra el vínculo entre hermanos y hermanas. La gente en India celebra este festival en la Luna llena del mes de agosto. Durante el festival, la hermana ata un hilo sagrado llamado rakhi a la mano de su hermano. El rakhi es un símbolo de protección. Se cree que el hermano deberá proteger con su vida a su hermana.

¿Sabías qué?
El rakhi está hecho de hilos rojos y dorados. Se cree que brinda protección durante un año.

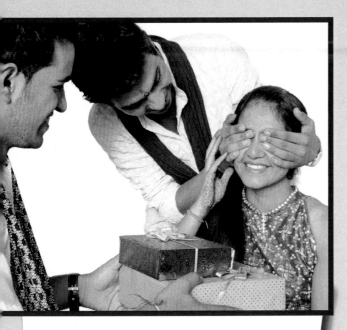

Normalmente, los hermanos les dan a sus hermanas dinero o regalos el día del Rakhi y prometen protegerlas y ayudarlas.

Hoy en día, otras personas, aparte de hermanos y hermanas, pueden participar en el Raksha Bandhan. Muchas veces, los rakhis se ofrecen también a amigos muy cercanos. Los sacerdotes atan rakhis alrededor de las manos de los miembros de la iglesia. Las mujeres atan rakhis alrededor de las manos del primer ministro. También se atan alrededor de las manos de los soldados.

Esta niña ata un rakhi alrededor de la muñeca de su madre.

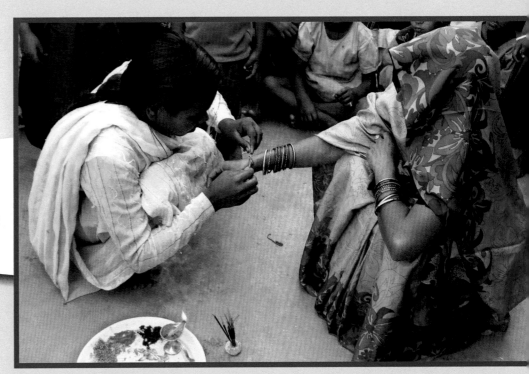

Aíd al Fitr

Los musulmanes celebran Aíd al Fitr al terminar el Ramadán. El Ramadán es una celebración musulmana de un mes que se lleva a cabo en el noveno mes del **calendario lunar**. Aíd al Fitr es una alegre celebración de tres días. La gente lo celebra con amigos y familiares. Luces festivas, juegos, ropa nueva, juguetes y fuegos artificiales son parte de la diversión durante Aíd al Fitr.

Miles de musulmanes se reúnen en Jama Masjid, la mezquita más grande de India para rezar en la mañana de Aíd al Fitr.

Durante Aíd al Fitr, los musulmanes terminan el ayuno. La gente comparte comida, como dátiles y arroz. Las familias también comen carne como pollo picante, carne de res o cordero. Mucha gente celebra en sus casas, pero también hay celebraciones en las mezquitas, parques, centros comunitarios y restaurantes.

Las jóvenes suelen aplicarse *mehndi*, o diseños de henna, en manos y pies durante Aíd al Fitr, y la gente se desea *Eid Mubarak*, que significa feliz festival. Este es el tradicional saludo Aíd al Fitr, y es seguido de un abrazo.

¿Sabías qué?
Durante el Ramadán, adultos y niños ayunan. Lo hacen para purificar o limpiar su cuerpo. También ayunan para recordar que hay gente menos afortunada que ellos.

Ganesh Chaturthi

La gente en India celebra Ganesh Chaturthi, que es el cumpleaños de Ganesha, el dios elefante. El festival es particularmente importante en el estado de Maharashtra, en donde se celebró por primera vez. Ganesha es el dios hindú del éxito y el destructor del mal y los obstáculos. También es venerado como el dios de la educación, el conocimiento, la sabiduría y la salud.

¿Sabías qué?
El festival de Ganesh Chaturthi normalmente se lleva a cabo a mediados de agosto o de septiembre, y dura diez días.

Para celebrar este festival, la gente hace con barro figuras de Ganesha. Las colocan dentro de sus casas o al exterior para que la gente pueda observarlas y venerarlas. La gente ofrece cocos, flores y **alcanfor** a Ganesha. El último día del festival, la gente toma sus figuras y las pasea por la calle cantando y danzando en una procesión. Después, se sumerge a Ganesha en agua. Esto simboliza la purificación de todos los obstáculos y el alejamiento de la mala suerte.

Este ceramista construyó con barro una gran figura de Ganesha.

Esta estatua de Ganesha es sumergida en el agua durante el último día de Chaturthi.

23

Gandhi Jayanti

En India, Gandhi Jayanti es una fiesta nacional que se celebra el 2 de octubre de cada año. Este día es el aniversario de nacimiento del conocido político y líder espiritual Mohandas Gandhi. En India, Gandhi es conocido como «El Padre de la Nación». Nació el 2 de octubre de 1869.

¿Sabías qué?
En el año 2007, las Naciones Unidas declararon el 2 de octubre como el Día Internacional de la No Violencia.

Esta gran estatua se encuentra en Nueva Delhi.

Gandhi creía en la resistencia sin violencia y se esforzó por mejorar la vida de las personas más pobres de India. Motivó a los indios de distintas religiones a vivir en armonía unos con otros y tolerar las diferencias de los otros. En vez de protestas violentas, Gandhi ayunaba como forma de protesta. También dirigió marchas pacíficas. Utilizó este método de la no violencia para encaminar a India hacia la independencia de la Gran Bretaña en 1947.

Aquí se muestra al ex primer ministro de India honrando la memoria de Gandhi en Nueva Delhi.

Diwali

El festival Diwali o Deepavali dura 4 días y es comúnmente conocido como Festival de las Luces. Durante el Diwali, la gente celebra la victoria del bien sobre el mal, la pureza sobre la impureza y la luz sobre la obscuridad. La gente prende luces en lámparas de barro o cuelga hileras de luz eléctrica afuera de sus casas. Creen que esto simboliza la luz interna que los protege.

La gente hace diseños decorativos sobre el piso de la sala de sus casas durante el Diwali. Los diseños se hacen con la intención de dar la bienvenida a los dioses y diosas hindús.

¿Sabías qué?
El Diwali comenzó como un festival de la cosecha que marcaba la última cosecha del año antes del invierno. Normalmente se celebra en octubre o noviembre.

Los miembros de la familia comparten fuegos artificiales, fogatas, flores y dulces durante el Diwali. La gente también venera a la diosa hindú de la riqueza llamada Lakshmi. De hecho, mucha gente cree que Lakshmi pasea por la Tierra buscando hogares en los que será bienvenida. La gente abre sus puertas y ventanas y enciende las luces para dar la bienvenida a Lakshmi dentro de sus casas.

En esta foto se observa a Lakshmi sentada en una flor de loto roja, un símbolo de amor y compasión.

Gurú Nanak Jayanti

Gurú Nanak Jayanti es un festival que celebra el nacimiento de Gurú Nanak. Él fue el fundador de una religión llamada sijismo. Gurú Nanak nació en 1469, en lo que ahora es Paquistán. Normalmente, la gente celebra este festival en noviembre.

Gurú Nanak se encuentra en el centro de esta pintura del siglo XIX.

¿Sabías qué?
Durante el Gurú Nanak Jayanti, los sijs cantan, rezan y comparten comida. Los sijs rezan en lugares llamados gurdwaras. Los decoran con flores, luces y banderas.

El Akal Takht, un lugar de reunión para los seguidores de la religión sij, enciende sus luces para el Gurú Nanak Jayanti.

Los sijs celebran Gurú Nanak Jayanti leyendo el libro sagrado sij, al que llaman Gurú Granth Sahib. Lo leen de principio a fin una y otra vez. Esto lo hace un grupo de hombres y mujeres sij, que leen durante 2 o 3 horas cada uno. Comienzan dos días antes y terminan temprano en la mañana del nacimiento de Gurú Nanak.

Navidad

En India, la mayoría de la población es hindú o musulmana, pero también millones de cristianos viven en India. Hace mucho tiempo, los **colonizadores** británicos llevaron a India la tradición de la celebración de Navidad. Los cristianos en India celebran la Navidad el 25 de diciembre de cada año.

Como en América del Norte, en Navidad mucha gente en la India decora con luces de colores, esferas, campanas y estrellas.

Mucha gente asiste a una misa nocturna en una iglesia cristiana en la víspera de navidad. Las iglesias son decoradas con flores de nochebuena y velas. Después de la misa, mucha gente regresa a sus casas para comer distintos tipos de **curry**.

¿Sabías qué?
En algunas partes de India, la gente decora árboles de mango o plátano para la Navidad.

La catedral de San Jorge, mostrada en esta fotografía, se encuentra en el centro de la ciudad de Chennai.

Glosario

alcanfor: Una sustancia dura y pegajosa que sale de la corteza del árbol del alcanfor.

calendario lunar: Un calendario basado en las fases de la Luna.

colonizadores: Las personas que participan en el establecimiento de nuevos territorios.

curry: Alimentos condimentados con polvo de curry o especias molidas.

diversidad: Descripción de personas o cosas que son diferentes de otras.

iluminación: Conseguir el conocimiento o la comprensión.

mitología: Colección de historias sobre dioses, diosas y héroes de un grupo en particular.

procesiones: Grupos de personas que se mueven de forma ordenada.

república: Un tipo de gobierno en el que se permite que sus ciudadanos voten.

sagrado: Describe algo que merece honor y respeto.

Índice analítico